Cartas
portuguesas

SÉRIE **L&PM** POCKET **PLUS**

24 horas na vida de uma mulher – Stefan Zweig
Alves & Cia. – Eça de Queiroz
À paz perpétua – Immanuel Kant
As melhores histórias de Sherlock Holmes – Arthur Conan Doyle
Bartleby, o escriturário – Herman Melville
Cartas a um jovem poeta – Rainer Maria Rilke
Cartas portuguesas – Mariana Alcoforado
Cartas do Yage – William Burroughs e Allen Ginsberg
Continhos galantes – Dalton Trevisan
Dr. Negro e outras histórias de terror – Arthur Conan Doyle
Esboço para uma teoria das emoções – Jean-Paul Sartre
Juventude – Joseph Conrad
Libelo contra a arte moderna – Salvador Dalí
Liberdade, liberdade – Millôr Fernandes e Flávio Rangel
Mulher no escuro – Dashiell Hammett
No que acredito – Bertrand Russell
Noites brancas – Fiódor Dostoiévski
O casamento do céu e do inferno – William Blake
O coronel Chabert seguido de *A mulher abandonada* – Balzac
O diamante do tamanho do Ritz – F. Scott Fitzgerald
O gato por dentro – William S. Burroughs
O juiz e seu carrasco – Friedrich Dürrenmatt
O teatro do bem e do mal – Eduardo Galeano
O terceiro homem – Graham Greene
Poemas escolhidos – Emily Dickinson
Primeiro amor – Ivan Turguêniev
Senhor e servo e outras histórias – Tolstói
Sobre a brevidade da vida – Sêneca
Sobre a inspiração poética & Sobre a mentira – Platão
Sonetos para amar o amor – Luís Vaz de Camões
Trabalhos de amor perdidos – William Shakespeare
Tristessa – Jack Kerouac
Uma temporada no inferno – Arthur Rimbaud
Vathek – William Beckford

Mariana Alcoforado

Cartas portuguesas

www.lpm.com.br
L&PM POCKET

Coleção **L&PM** POCKET, vol. 29

Texto de acordo com a nova ortografia.

Primeira edição: Coleção **L&PM** POCKET em 1997
Segunda edição: Coleção **L&PM** POCKET **PLUS** em 2007
Esta reimpressão: junho de 2023

Indicação editorial: Sergio Faraco
Capa: L&PM Editores
Foto da capa: escultura *O beijo*, 1896-1898, de Auguste Rodin. (Museu Rodin, Paris.)
Revisão: Cintia Moscovich e Renato Deitos

ISBN 978-85-254-0640-8

A354c	Alcoforado, Mariana,
	    Cartas portuguesas / Mariana Alcoforado. –
	Porto Alegre: L&PM, 2023.
	    80 p. ; 18 cm. – (Coleção L&PM POCKET)
	
	    1.Ficção portuguesa-Cartas. I.Título.
	II.Série.
	
	                        CDD 869.6
	                        CDU 869-6

Catalogação elaborada por Izabel A. Merlo, CRB 10/329.

© desta edição, L&PM Editores, 1997

Todos os direitos desta edição reservados a L&PM Editores
Rua Comendador Coruja 314, loja 9 – Floresta – 90220-180
Porto Alegre – RS – Brasil / Fone: 51.3225.5777

PEDIDOS & DEPTO. COMERCIAL: vendas@lpm.com.br
FALE CONOSCO: info@lpm.com.br
www.lpm.com.br

Impresso no Brasil
Inverno de 2023

Mariana Alcoforado
(1640–1723)

Mariana Alcoforado nasceu em Beja, Portugal. Entrou para a clausura com 12 anos e passou a vida no convento de Nossa Senhora da Conceição, da Ordem de Santa Clara. Ao longo de sua vida religiosa, a freira exerceu as funções de escrivã e de vigária. Em 1663 teria conhecido o Marquês De Chamilly, oficial francês que serviu em Portugal durante as guerras da Restauração. As *Cartas portuguesas*, publicadas na França em 1669, seriam a correspondência amorosa mantida entre ambos quando do retorno do oficial ao seu país. Mariana Alcoforado faleceu em 28 de julho de 1723, em Beja.

Sumário

Apresentação / 9
Primeira Carta / 15
Segunda Carta / 23
Terceira Carta / 33
Quarta Carta / 43
Quinta Carta / 59

Apresentação

Conhecidas desde o século XVII, as *Cartas portuguesas*, ou *Cartas de amor de uma religiosa portuguesa escritas ao cavaleiro de C,* são – além de um dos exemplos mais ardentes de amor desesperado da literatura internacional – objeto de uma apaixonada e secular polêmica acerca de sua autoria.

A história destas cartas começa quando o texto é publicado pela primeira vez em 1669, em Paris, numa edição francesa de autor anônimo, na suposição (pelo próprio título) de que seria uma tradução. Nesta edição, o editor francês fazia a seguinte nota de apresentação ao livro:

Consegui, à custa de muitos trabalhos e dificuldades, recuperar uma cópia correta da tradução de cinco cartas portuguesas que foram escritas a um nobre gentil-homem que servia em Portugal. Todos os que conhecem os sentimentos do coração humano são unânimes ou em louvá-las ou em procurá-las com tanto empenho que julguei prestar-lhes um bom serviço imprimindo-as. Desconheço em absoluto o nome daquele que as traduziu; mas pareceu-me que não cairia no seu desagrado publicando-as. É difícil que não acabassem por aparecer com erros de impressão que as teriam desfigurado.

Golpe de marketing (o editor teria sonegado o nome do autor, atribuindo as cartas *a uma religiosa portuguesa* – uma manobra sensacionalista) ou não, a dúvida fez com que dezenas de estudiosos e curiosos se lançassem ao encalço da solução do enigma. Para se ter uma ideia da longa celebridade destas cartas, grandes autores se ocuparam delas, como Stendhal, Sainte-Beuve, Rainer Marie Rilke, La Bruyère, Jean-Jacques Rousseau, entre muitos outros.

Para ambas as "correntes" há indícios e provas. A versão portuguesa, hoje praticamente aceita internacionalmente, é que de fato existiu em Beja, Portugal, no convento de Nossa Senhora da Conceição, uma freira de nome Mariana Alcoforado, nascida em 22 de abril de 1640 e com registro de morte em 22 de julho de 1723. Tendo entrado para o convento aos 12 anos de idade, por volta de 1660, teria vivido intensa paixão por um oficial francês, o Sr. Cavalheiro De Chamilly, que servia em terras portuguesas. De retorno a Paris, o senhor C. teria trocado arrebatada correspondência com sua amada portuguesa, fato que é ratificado por Saint-Simon, contemporâneo e conhecido do galante oficial, *homem de posses e estabelecido com mulher e filhos*. A edição de 1669 atribui a autoria a um anônimo, mas em 1810 o periódico francês *Journal de L'Empire* publica a descoberta, pelo escritor francês Boissonade, de um exemplar das *Cartas* anotado onde se diz que quem as escreveu foi Mariana Alcoforado e que o destinatário era o Sr. De Chamilly.

A versão francesa é de que um tal Guilleragues, a quem a edição de 1669 atribui a tradução das *Cartas*, seria o verdadeiro autor, e que tudo não passaria de um golpe publicitário do autor e do editor. O fato do autor ser anônimo, na época, constituía um charme para a publicação. Era uma prática muito em voga, tanto que um dos maiores best-sellers deste período, o clássico libertino *Teresa Filósofa*, era de autor anônimo. A comprovada descoberta do autor só ocorreu em nosso século e na década de 90(!): tratava-se do Marquês D'Argens, ou Jean-Baptiste de Boyer. Naqueles longínquos anos, tudo se passava numa atmosfera de cortes românticas, anônimos geniais, punhos de renda e punhais dourados, e o recato das damas, contrastando com o arrebatamento dos cavalheiros, culminava com amores sísmicos.

As *Cartas portuguesas* são um exemplo da época, mas se diferenciam pelo amor radical, cuja enunciação as transformou numa obra-prima da literatura universal. A solidão, a ansiedade e a entrega sem exigências, total e absoluta, justificam e consagram o amor de Mariana como um símbolo do amor total.

Os Editores

II

Primeira Carta

Considera, meu amor, até que ponto foste imprevidente! Oh!, infeliz, que foste enganado e a mim enganaste também com esperanças ilusórias. Uma paixão sobre a qual tinhas feito tantos projetos de prazeres não te causa agora mais do que um mortal desespero, só comparável à crueldade da ausência que o provoca. E esta ausência, para a qual a minha dor, por mais que se esforce, não consegue encontrar um nome assaz funesto, há de então privar-me para sempre de fitar esses olhos onde eu via tanto amor, esses olhos que me faziam saborear emoções que me cumulavam de alegria, que eram o meu tudo, a tal ponto que deles só precisava para viver?

Ai de mim! Os meus encontram-se privados da única luz que os animava e só lhes restam as lágrimas; não os tenho usado senão para chorar incessantemente desde que soube que estavas decidido a um afastamento que não posso suportar e me fará morrer em pouco tempo.

Parece-me, contudo, que chego até a prezar as desgraças de que és a única causa: dediquei-te a minha vida assim que te vi e sinto algum prazer sacrificando-a a ti.

Mil vezes ao dia dirijo para ti os meus suspiros: eles procuram-te em toda a parte e, como recompensa de tantas inquietações, apenas me trazem o aviso demasiado sincero da minha triste sorte, que tem a crueldade de não suportar que eu me iluda e que a cada passo me diz: basta!, basta!, infeliz Mariana, basta de te consumires em vão e de procurares um amante que nunca mais voltarás a ver; um amante que atravessou o mar para fugir de ti, que está na França no meio dos prazeres e nem por um momento pensa nas tuas dores; um amante que te dispensa de todos esses transportes, que nem sequer te agradece.

Mas não!, não posso resignar-me a fazer-te a injúria de pensar assim e tenho demasiado interesse em te justificar. De modo nenhum quero imaginar que me tenhas esquecido. Não sou eu já suficientemente infeliz, mesmo sem me atormentar com falsas suspeitas? E por que razão havia de me esforçar por esquecer todos os desvelos que puseste em me testemunhar amor? Tão encantada fiquei com tais desvelos que bem ingrata seria se não te amasse com o mesmo arrebatamento que a minha paixão me dava, quando me era dado gozar os testemunhos da tua.

Como podem ter-se tornado tão cruéis as lembranças de momentos tão agradáveis? E será que, contra a sua natureza, não devam essas lembranças servir senão para tiranizar o meu coração? Ai de mim! A tua última carta deixou-o num lamentoso estado! Tão sensíveis foram as suas palpitações que até parecia fazer esforços por se separar de mim e ir ao teu encontro! Todas estas emoções tão violentas me acabrunharam a tal ponto que, por espaço de mais de três horas, fiquei desfalecida! Proibia a mim própria regressar a uma vida que devo perder por ti, já que para ti a não posso conservar. Finalmente, e mau grado meu, voltei a ver a luz, e comprazia-me ao sentir que morria de amor. Estava, aliás, bem contente por já não ter de ver o meu coração despedaçado pela dor da tua ausência.

Depois destes acidentes, sofri muitas e variadas indisposições. Mas poderei eu alguma vez viver sem males, enquanto não voltar a ver-te? Suporto-os, contudo, sem murmurar, porque me vêm de ti. Será essa a recompensa que me dás por haver-te amado tão ternamente?

Mas não importa! Estou decidida a adorar-te durante toda a vida e a não ter olhos para mais ninguém. E asseguro-te que também tu farás bem em não amar mais ninguém. Poderias, acaso, contentar-te com uma paixão menos ardente do que a minha? Encontrarás, talvez, maior beleza (e, no entanto, disseste-me outrora que não me faltava beleza), mas não encontrarás jamais amor tamanho – e o resto não conta.

Deixa de encher as tuas cartas com coisas inúteis e nunca mais me escrevas a dizer que me lembre de ti. Eu não te posso esquecer, como também não esqueço que me deste esperanças de vir passar algum tempo comigo. Ai de mim! Por que não queres ficar comigo a vida inteira?

Se me fosse possível sair deste malfadado claustro, não esperaria em Portugal que se cumprissem as tuas promessas: iria eu, sem qualquer inibição, procurar-te, seguir-te e amar-te por toda a parte. Não ouso iludir-me de que isso possa acontecer e não quero alimentar uma esperança que me daria, é certo, algum prazer. Agora já só desejo ser sensível às minhas dores.

Confesso, no entanto, que a oportunidade que o meu irmão me proporcionou de te escrever me trouxe alguns momentos de alegria e suspendeu por instantes o desespero em que me encontro.

Conjuro-te a que me digas por que é que te empenhaste em me encantar como fizeste, se já sabias que me havias de abandonar? Por que é que puseste tanto empenho em me tornar infeliz? Por que não me deixaste em paz no meu convento? Tinha-te feito algum mal?

Perdoa-me! Eu não te culpo de nada! Não estou em condições de pensar na minha vingança e só acuso a dureza da minha sorte. Parece-me que, ao separar-nos, ela nos fez todo o mal que tínhamos a temer: os nossos corações não os podia ela separar! O amor, mais poderoso do que ela, uniu-os para toda a vida!

Se tens algum interesse pela minha, escreve-me muitas vezes. Bem mereço que te dês ao cuidado de me informar sobre o estado do teu coração e da tua vida. Peço-te, sobretudo, que me venhas ver! Adeus! Não posso largar este papel! Ele cairá nas tuas mãos: bem quisera ter eu a mesma sorte! Ai de mim! Louca que sou! Bem me dou conta de que isso não é possível!

Adeus! Não posso mais! Adeus! Ama--me sempre e faze-me sofrer ainda maiores males.

Segunda Carta

Parece-me que faço a maior afronta do mundo aos sentimentos do meu coração quando procuro dar-tos a conhecer escrevendo-os.

Como eu seria feliz se pudesses avaliar bem a intensidade deles pela violência dos teus! Mas, nesse aspecto, não devo confiar em ti e não posso deixar de te dizer, com força aliás bem menor do que a que sinto, que não deverias maltratar-me deste modo, com um esquecimento que me leva ao desespero e que é mesmo uma vergonha para ti. E bem justo é que, ao menos, suportes que me lamente das desgraças que bem previra quando te vi tomar a resolução de me deixares.

Reconheço que me enganei ao julgar que procederias de melhor fé do que é costume, porque o excesso do meu amor me punha, ao que parece, acima de toda a espécie de suspeitas, e que merecia maior fidelidade do que é costume encontrar. Mas a tua disposição para me atraiçoar acaba por levar a melhor sobre a justiça que deves a quanto fiz por ti. Aliás, não deixaria de ser bem infeliz se me amasses apenas porque eu te amo, pois tudo quisera dever apenas à tua própria inclinação. Mas encontro-me tão longe disso, que há seis meses já que não recebo de ti uma só carta!

Atribuo toda esta desgraça à cegueira com que me abandonei a dedicar-me a ti. Pois não devia eu prever que os meus prazeres acabariam antes que acabasse o meu amor? Podia eu esperar que ficasses para sempre em Portugal e que renunciasses à tua fortuna e à tua pátria para só pensares em mim?

As minhas dores já não podem ter consolo e a lembrança das alegrias passadas enche-me de desespero. Pois quê? Serão então inúteis todos os meus desejos? E não hei de tornar a ver-te no meu quarto com todo o ardor e impetuosidade que me manifestavas?

Mas, ai de mim! Estou enganada! Por demais sei eu como todas as emoções que me enchiam o pensamento e o coração em ti eram determinadas apenas por alguns prazeres e acabavam tão depressa como eles!

Seria preciso que nesses momentos, demasiado felizes, eu apelasse para a razão a fim de moderar o terrível excesso das minhas delícias e me anunciar tudo o que agora estou a sofrer... Mas eu entregava-me inteiramente a ti e não estava em condições de pensar naquilo que teria podido envenenar a minha alegria e impedir-me de gozar plenamente dos testemunhos ardentes da tua paixão. Era-me demasiado agradável sentir que estava contigo para poder pensar que um dia te afastarias de mim.

Lembro-me, no entanto, de algumas vezes te haver dito que me farias infeliz. Mas esses receios em breve se dissipavam, e eu toda me comprazia em tos sacrificar e em me abandonar ao encantamento e à má-fé dos teus protestos.

Bem claramente vejo qual seria o remédio para todos os meus males e em breve me libertaria deles se deixasse de te amar. Mas, ai de mim!, que terrível remédio! Não! Antes quero sofrer ainda mais do que esquecer-te... Infeliz que sou! Dependerá isso de mim? Não posso acusar-me de ter desejado, nem que fosse só por um momento, deixar de te amar!

Mais digno de compaixão és tu do que eu, e vale mais sofrer tudo o que eu sofro do que gozar os lânguidos prazeres que te dão as tuas amantes da França. Não invejo a tua indiferença. Tenho pena de ti: desafio-te a que de todo me esqueças! Posso-me gabar de ter conseguido que, sem mim, apenas consigas ter prazeres imperfeitos. Sou mais feliz do que tu, pois a minha vida é mais plena.

Nomearam-me, ainda há pouco, porteira deste convento. Todas as pessoas que me falam julgam que estou louca: não sei o que lhes respondo, e é preciso que as religiosas sejam tão insensatas como eu para me terem julgado capaz de qualquer trabalho.

Ah! Como invejo a felicidade do Manuel e do Francisco![1] Por que não hei de estar sempre contigo como eles estão? Ter-te-ia acompanhado e, decerto, que havia de te servir de melhor mente! Nada mais desejo no mundo senão ver-te!

Lembra-te, ao menos, de mim! Já me contento com a tua lembrança, mas não me atrevo a verificar se a conservas.

Quando te via todos os dias, não limitava as minhas esperanças a que te lembrasses de mim... Mas ensinaste-me bem quanto é preciso que me sujeite a tudo o que quiseres!

E, no entanto, não me arrependo de te haver adorado e sinto-me bem feliz por me teres seduzido! A tua ausência rigorosa, e talvez eterna, em nada diminui a veemência do meu amor. Quero que todos o saibam, e disso não faço mistério, que estou encantada por ter feito por ti tudo quanto fiz contra toda a espécie de decoro. A minha religião e a minha honra, faço-as consistir unicamente em te amar

---

1. Dois criados portugueses do destinatário das cartas.

loucamente por toda a minha vida, já que a amar-te comecei!

Não é para te obrigar a escreveres-me que digo todas estas coisas. Oh!, não te violentes! De ti não quero nada senão o que espontaneamente vier e recuso todos os testemunhos de amor que constrangido me desses. Comprazer-me-ia em desculpar-te, só porque talvez tu te sintas bem em não ter o incômodo de me escrever, e sinto uma profunda disposição para te perdoar todas as faltas que cometeres.

Um oficial francês teve a caridade de me falar de ti esta manhã durante mais de três horas. Disse-me ele que a paz da França estava feita. Se assim é, não poderias vir ver-me e levar-me para França? Mas eu não o mereço! Faze o que te aprouver: o meu amor já não depende do modo como me trates.

Desde que partiste, não tive um único momento de saúde e o meu único prazer consiste em murmurar o teu nome mil vezes ao dia. Algumas religiosas, que conhecem o estado deplorável em que me puseste, falam-me muitas vezes de ti. Saio o menos que me é possível do meu quarto, onde vieste tantas vezes, e olho sem cessar o teu retrato, que me é mil vezes mais caro do que a vida. É ele que me dá alguma alegria; mas provoca-me também um grande sofrimento, quando penso que talvez nunca mais te volte a ver. E por que há de ser possível que nunca mais te veja? Ter-me-ás abandonado para sempre?

Estou desesperada! A tua pobre Mariana já não pode mais: desfalece ao acabar esta carta.

Adeus, adeus! Tem compaixão de mim!

Terceira Carta

Que irá ser de mim e que queres que faça? Como estou longe de quanto havia previsto! Esperava que me escrevesses de todos os lugares por onde passasses e que as tuas cartas fossem muito longas. Esperava que alimentasses a minha paixão com a esperança de voltar a ver-te, que uma total confiança na tua fidelidade me daria um certo repouso, que ficaria, em qualquer caso, num estado bastante suportável, sem extremos de dor... Tinha mesmo pensado nalguns vagos projetos de fazer quanto estivesse ao meu alcance para me curar, se pudesse ter a certeza de que me tinhas, efetivamente, esquecido. O teu afastamento, alguns ímpetos de devoção, o receio de arruinar por completo o resto da minha saúde com tantas vigílias e inquietações, a pouca probabilidade do teu regresso, a frieza da tua paixão e das tuas últimas despedidas, a tua partida baseada em tão precários pretextos e mil outras razões, boas demais e por demais inúteis, pareciam oferecer-me auxílio bastante seguro, se para tanto ele fosse necessário. Não tendo, em última análise, de combater senão contra mim própria, não podia imaginar toda a minha fraqueza, nem compreender tudo o que agora sofro.

Ai de mim! Como sou de lamentar, eu, que não posso partilhar contigo as minhas dores e que me encontro a sofrer sozinha tamanha desgraça! Mata-me o pensar nisso e morro com o receio de que nunca tenhas sentido bem a fundo todos os nossos prazeres.

Sim! Conheço agora a má-fé de todos os teus transportes. Enganaste-me de cada vez que me disseste que estavas encantado por te encontrares a sós comigo. Só às minhas impertinências devo os teus arrebatamentos e arroubos. Foi a sangue frio que concebeste o projeto de me inflamar: olhaste a minha paixão apenas como uma vitória, e o teu coração nunca se deixou tocar profundamente por ela.

Não te sentes infeliz, e não sentes a enorme falta de delicadeza em que incorres por não teres sabido aproveitar de outro modo os meus arrebatamentos? E como é possível que, com tamanho amor, eu não tenha conseguido tornar-te feliz?

Lamento, só por amor de ti, os prazeres infinitos que perdeste: será que os não tenhas querido gozar? Ah! Se os conhecesses, verias que eles são mais intensos do que o de me teres seduzido, e terias experimentado que se é muito mais feliz e que se sente algo de bem mais tocante quando se ama com violência do que quando se é amado!

Eu não sei nem o que sou, nem o que faço, nem o que desejo: encontro-me dilacerada por mil movimentos contrários. Poder-se-á imaginar estado tão deplorável?

Amo-te perdidamente e respeito-te o bastante para não ousar talvez desejar que sejas atingido pelos mesmos arrebatamentos. Matar-me-ia, ou morreria de dor sem me matar, se soubesse que não tinhas descanso, que na tua vida mais não há que perturbação e agitação de toda a sorte, que choras sem cessar e que tudo te desgosta. Se já não posso remediar os meus males, como poderia suportar a dor que me dariam os teus e que me seriam mil vezes mais dolorosos?

No entanto, também não consigo decidir-me a desejar que não penses em mim... E, para falar francamente, tenho uns ciúmes terríveis de tudo o que te dá alegria e toca o teu coração e o teu gosto na França.

Não sei por que te escrevo. Bem vejo que nada mais terás por mim do que compaixão – e essa não a quero!

Enfureço-me contra mim própria quando penso em tudo quanto te sacrifiquei: perdi a minha reputação, expus-me ao furor dos meus parentes, à severidade das leis deste país contra as religiosas e à tua ingratidão, que me parece a maior de todas as desgraças.

No entanto, sei bem que os meus remorsos não são verdadeiros e que, do fundo do coração, desejaria ter corrido por amor de ti perigos ainda maiores. Tenho um prazer fatal em ter arriscado a minha vida e a minha honra: mas não deveria estar ao teu dispor tudo o que tenho de mais precioso? E não devo estar contente por o ter empregado como fiz? Até me parece que ainda não estou satisfeita nem com as minhas dores, nem com o excesso do meu amor, embora não possa, ai de mim, vangloriar-me de estar contente contigo.

Estou viva, infiel que sou!, e faço tanto para conservar a minha vida como para perdê-la! Ah!, morro de vergonha! O meu desespero estará então apenas nas minhas cartas? Se te amasse tanto como mil vezes te tenho dito, não teria já morrido há muito tempo?

Enganei-te!, e és tu que te deves queixar de mim. Ai de mim!, e por que o não fazes? Vi-te partir, não posso ter esperança de te ver voltar, e, no entanto, respiro! Enganei-te, afinal, e peço o teu perdão.

Mas não mo dês! Trata-me com severidade! Não aches que os meus sentimentos têm violência bastante! Sê mais difícil de contentar! Ordena-me que morra de amor por ti! Conjuro-te a que me dês este socorro, a fim de que vença a fraqueza do meu sexo e acabe com todas as minhas indecisões por um ato de verdadeiro desespero. Um fim trágico obrigar-te-ia, sem dúvida, a pensar muitas vezes em mim. A minha memória ser-te-ia cara, e talvez fosses sensivelmente tocado por uma morte fora do comum. Não valerá mais a morte do que o estado a que me reduziste?

Adeus! Bem gostaria de nunca te ter visto!

Ah! Como sinto a falsidade deste sentimento e vejo, neste preciso momento em que te escrevo, que gosto bem mais de ser desgraçada amando-te do que gostaria de nunca te ter visto! Aceito, pois, sem lamentações a minha triste sorte, já que tu a não quiseste tornar melhor.

Adeus! Promete que me lamentarás com saudade se eu vier a morrer de dor! E que ao menos a violência da minha paixão te tire o gosto e te afaste de todas as coisas. Essa consolação me bastará, e, se é preciso que te abandone para sempre, bem gostaria de não te deixar a uma outra qualquer. Não seria uma crueldade sem par da tua parte servires-te do meu desespero para te tornares mais amável e para mostrar que provocaste a maior paixão do mundo?

Adeus, mais uma vez! Escrevo-te estas cartas longas demais; não tenho suficiente respeito por ti, e disso te peço perdão. E ouso esperar que usarás de alguma indulgência para com uma pobre insensata que o não era, como muito bem sabes, antes de te amar.

Adeus! Parece-me que falo demais no estado deplorável em que me encontro. No entanto, do fundo do coração te agradeço o desespero que me causas, e detesto a tranquilidade em que vivi antes de te conhecer.

Adeus! A minha paixão aumenta a cada momento! Ah!, quantas coisas tinha ainda para te dizer!...

Quarta Carta

Acaba de me dizer o teu lugar-tenente que uma tempestade te obrigou a arribar ao reino do Algarve. Receio que tenhas sofrido muito no mar, e esta apreensão de tal modo ocupou o meu espírito que não pensei mais nos meus próprios males. Estarás convencido de que o teu lugar-tenente sente mais do que eu tudo o que te acontece? Então por que está ele mais bem-informado e, afinal, por que me não escreveste?

Bem desgraçada sou se, desde que partiste, não encontraste nenhuma ocasião para o fazer, e muito mais o sou se a tiveste e não me escreveste. A tua injustiça e a tua ingratidão não têm limites! Mas eu ficaria desesperada se elas atraíssem sobre ti alguma desgraça, e prefiro que fiquem impunes a sentir-me vingada.

Resisto a todas as evidências que me deviam persuadir de que já não me amas e sinto-me muito mais disposta a abandonar-me cegamente à minha paixão do que aos motivos que me dás para me queixar da tua falta de atenção.

Quantas inquietações me terias poupado se a tua maneira de proceder tivesse sido tão desleixada nos primeiros dias em que te vi, como me tem parecido que é de algum tempo a esta parte! Mas quem não se deixaria enganar, como eu me deixei, por tantos desvelos, e quem os não teria por sinceros? Quanto custa resolver-nos a suspeitar por muito tempo da boa-fé daqueles que amamos!

Bem vejo que a mais pequena desculpa te basta, e nem sequer tens a preocupação de ma dar. No entanto, o amor que tenho por ti serve-te com tanta fidelidade que não posso consentir em te considerar culpado senão para gozar do inefável prazer de eu própria te justificar.

Consumiste-me com a tua assiduidade! Inflamaste-me com os teus transportes! Encantaste-me com as tuas complacências! Tranquilizaste-me com as tuas juras! A minha violenta inclinação me seduziu, e o que se seguiu a estes inícios tão agradáveis e tão felizes são apenas lágrimas, suspiros e uma morte atroz, sem que a isso possa dar remédio algum.

É verdade que tive prazeres bastante surpreendentes amando-te: mas custam-me agora terríveis dores! São sempre extremas as emoções que de ti me vêm!

Se tivesse obstinadamente resistido ao teu amor, se te tivesse dado algum motivo de preocupação e de ciúme para te inflamar ainda mais, se tivesses notado na minha conduta algum artifício; enfim, se tivesse querido opor a minha razão à inclinação natural que tenho por ti e que te apressaste a fazer-me notar (embora os meus esforços tivessem certamente sido inúteis), poderias punir-me com severidade e usar do teu poder. Mas tu pareceste-me amável, antes mesmo de me teres confessado o teu amor. Testemunhaste-me uma grande paixão, e fiquei deslumbrada e abandonei-me a amar-te perdidamente.

Não estavas tu tão cego como eu! E, então, por que deixaste que eu caísse no estado em que me encontro? Que querias fazer de todos os meus arroubos, que não podiam deixar de ser para ti bem importunos?

Bem sabias que não ficarias para sempre em Portugal. Por que é que me escolheste a mim para me tornar tão infeliz? Terias, sem dúvida, encontrado neste país uma mulher mais bela, com a qual terias tido os mesmos prazeres, já que só prazeres grosseiros procuravas – uma mulher que te tivesse amado fielmente enquanto te tivesse junto dela, uma mulher que com o tempo se pudesse consolar da tua ausência e que poderias ter podido deixar sem perfídia e sem crueldade. O procedimento que tiveste é muito mais o de um tirano apostado em perseguir do que o de um amante que só deve pensar em agradar.

Ai de mim! Por que usas de tamanho rigor para com um coração que é teu? Bem vejo que tanta facilidade tens tu em te deixar persuadir contra mim como eu tive em me deixar persuadir a teu favor. Eu teria resistido, sem precisar de recorrer a todo o amor que te tenho e sem pensar que fazia alguma coisa de extraordinário, a razões bem maiores do que podem ser as que te levaram a deixar-me. Tais razões ter-me-iam parecido bem fracas, e nenhuma poderia, jamais, arrancar-me de junto de ti. Mas tu quiseste aproveitar pretextos que encontraste para regressar à França: um barco ia partir, e havias de o deixar partir? A tua família tinha-te escrito: mas não conheces tu quantas perseguições eu sofri por parte da minha? A tua honra impunha-te que me abandonasses: preocupei-me eu alguma vez com a minha? Sentias-te na obrigação de ir servir o teu rei: se é verdade o que se diz, não tem ele qualquer necessidade do teu auxílio, e certamente te haveria escusado.

A minha felicidade teria sido grande demais se tivéssemos passado juntos a nossa vida. Mas, já que uma ausência cruel nos devia separar, parece que devo sentir-me satisfeita por não ter sido infiel e por nada deste mundo quereria ter cometido uma ação tão perversa.

Pois quê? Conheceste o mais íntimo do meu coração e da minha ternura e pudeste resolver-te a deixar-me para sempre e a expor-me aos terrores que se apoderam do meu ser, ao pensar que só te lembras de mim para me sacrificar a uma nova paixão?

Bem vejo que te amo como uma louca. No entanto, não me queixo de toda a violência dos arrebatamentos do meu coração; e vou-me acostumando às suas perseguições e não poderia viver sem esse prazer que descubro e de que gozo amando-te no meio de mil dores.

Acompanha-me constantemente, e é para mim desagradável em extremo o ódio e o desgosto que sinto por todas as coisas. A minha família, os meus amigos, este convento, tudo me é insuportável! Tudo o que sou obrigada a ver e tudo o que tenho de fazer por absoluta necessidade me é odioso. Sou tão ciumenta da minha paixão que até me parece que todas as minhas ações e que todos os meus deveres a ti se referem.

Sim! Sinto escrúpulos, se não te dou todos os momentos da minha vida. Que faria eu, pobre de mim!, sem tanto ódio e tanto amor como os que enchem o meu coração? Poderia eu sobreviver àquilo que me ocupa sem cessar, para levar uma vida tranquila e sossegada? Um vazio assim e uma tal insensibilidade não poderiam ser para mim.

Toda a gente se apercebeu da mudança radical do meu humor, das minhas maneiras e da minha pessoa. A minha mãe falou-me disso, primeiro com aspereza e depois com uma certa bondade. Já nem sei o que lhe respondi! Acho que lhe confessei tudo!

As religiosas, mesmo as mais severas, têm pena do estado em que me encontro e que até lhes inspira uma certa consideração e um certo respeito por mim. Toda a gente está impressionada com o meu amor. Só tu permaneces nessa profunda indiferença, sem me escrever senão cartas frias, cheias de banalidades: metade do papel vem em branco e parece que estás morto por acabar depressa.

Dona Brites andou atrás de mim nestes dias para me fazer sair da minha cela, e, julgando divertir-me, levou-me a passear para a varanda donde se avista Mértola. Fui com ela, e logo me assaltou uma lembrança cruel que me fez chorar todo o resto do dia. Voltou a trazer-me para dentro, e deitei-me na cama, onde fiz mil reflexões sobre a pouca esperança que tenho de me vir a curar alguma vez. Aquilo que fazem para me consolar torna mais aguda a minha dor, e até nos remédios encontro particulares razões para me afligir!

Vi-te muitas vezes passar neste lugar com um ar que me encantava, e eu estava naquela varanda naquele dia fatal em que comecei a sentir os primeiros efeitos da minha infeliz paixão. Pareceu-me que me querias agradar, embora nem me conhecesses. Convenci-me de que me tinhas notado entre todas as que estavam comigo, e imaginei que, quando passasses, ficarias contente se eu te visse melhor e se admirasse a tua destreza e a boa graça quando montavas o teu cavalo. Apoderava-se de mim um certo temor quando o fazias passar num lugar difícil; enfim, interessava-me secretamente por todos os teus atos e sentia bem que não me eras indiferente, tomando como sendo dirigido a mim tudo o que fazias.

Sabes muito bem o que se seguiu a estes inícios; embora nada tenha de me poupar, não devo descrever-tos, pois receio tornar-te ainda mais culpado do que já és e ter de me censurar a mim por tantos esforços inúteis que faço para te obrigar a ser-me fiel.

E tu não o serás: como posso eu esperar das minhas cartas e das minhas censuras aquilo que o meu amor e o meu abandono não puderam sobre a tua ingratidão?

Estou por demais segura da minha desgraça. O teu injusto procedimento não me deixa a menor razão para duvidar disso, e tudo tenho a recear, pois a verdade é que me abandonaste.

Não se dará o caso de que só tenhas encantos para mim e não sejas agradável aos olhos dos outros? Creio que não me desagradará que os sentimentos dos outros justifiquem de algum modo os meus, e desejaria que todas as mulheres da França te achassem amável, mas que nenhuma te amasse, que nenhuma te agradasse. Este projeto ridículo é impossível! No entanto, tenho provas suficientes de que não és capaz de grande persistência. Bem poderás esquecer-me sem qualquer ajuda e sem que a isso sejas constrangido por uma nova paixão. Devo pretender que tenhas algum pretexto razoável? É verdade que eu seria mais infeliz, mas tu não serias tão culpado.

Bem vejo que ficarás na França, mesmo sem grandes prazeres, com inteira liberdade. A fadiga duma longa viagem, qualquer pequeno bem-estar, o receio de não corresponder aos meus arrebatamentos, tudo isso te retém! Ah! não tenhas medo de mim! Contentar-me-ei com ver-te de tempos a tempos. Contentar-me-ei com saber que vivemos na mesma terra.

No entanto, talvez eu me iluda, e talvez tu sejas mais tocado pelo rigor e pela severidade de outra qualquer do que o foste pelos meus favores. Será possível que te deixes apaixonar por via dos maus-tratos? Mas, antes de te deixares dominar por uma grande paixão, pensa bem no excesso das minhas dores, na incerteza dos meus projetos, na diversidade dos meus arroubos, na extravagância das minhas cartas, nas minhas confianças, nos meus desesperos, nos meus desejos e no meu ciúme! Olha que vais ser um desgraçado! Conjuro-te a que aproveites alguma coisa do estado em que me encontro e que ao menos o que sofro por ti te seja de alguma utilidade!

Há cinco ou seis meses fizeste-me uma confidência desagradável; e confessaste-me, com toda a simplicidade, que tinhas amado uma dama no teu país. Se é ela que te impede de voltar, dize-mo sem contemplações, a fim de que eu não sofra mais. Um resto de esperança me sustenta ainda. Mas, se ela não há de ter qualquer sequência, então preferiria perdê-la de todo e perder-me com ela. Manda-me o seu retrato com algumas das suas cartas e escreve-me tudo o que ela te diz! Talvez encontre aí razões para me consolar, ou para me afligir ainda mais. Não posso continuar por mais tempo no estado em que me encontro, e toda a mudança que houver só poderá ser-me favorável.

Gostaria também de ter o retrato do teu irmão e da tua cunhada. Tudo o que representa para ti alguma coisa me é muito querido e sou inteiramente devotada a tudo o que te diz respeito: nada conservei para mim! Há momentos em que me parece que até seria capaz de me sujeitar a servir aquela que tu amas!

Os maus-tratos que me infliges e o desprezo que me votas abateram-me de tal maneira que, às vezes, nem sequer ouso pensar que poderia ter ciúmes de ti sem cair no teu desagrado, e julgo fazer o pior mal do mundo quando te censuro. Muitas vezes, até me convenço de que não devo manifestar-te com tanta intensidade, como o faço, sentimentos que tu condenas.

Há muito tempo que um oficial espera por esta tua carta. Tinha resolvido escrevê-la de maneira a não te desgostar quando a recebesses. Mas acabou por ser demasiado extravagante, e é preciso acabá-la. Ai de

mim! Não está nas minhas mãos resolver-
-me a tal! Parece-me que te estou a falar
quando te escrevo e que tu me estás um
pouco mais presente. A próxima não será
tão longa nem tão importuna: poderás abri-
-la e lê-la com essa certeza. Na verdade, não
te devo falar duma paixão que te desagrada,
e prometo não te falar mais dela.

Dentro de poucos dias, vai fazer um
ano que me abandonei totalmente a ti, sem
quaisquer reservas. A tua paixão parecia-me
bem ardente e sincera, e nunca pensei que
os meus favores te tivessem desagradado
ao ponto de te levar a fazer quinhentas
léguas e a expor-te a naufrágios para deles
te afastares. De ninguém poderias esperar
um tratamento assim!

Bem podes lembrar-te do meu pudor,
da minha confusão e do meu enleio – mas
não te lembres do que poderia obrigar-te a
amar-me contra a tua vontade.

O oficial que te há de levar esta carta
manda-me dizer, pela quarta vez, que quer
partir. Que apressado está! Decerto vai
abandonar nesta terra alguma desgraçada!

Adeus! Tenho eu mais dificuldade em terminar a carta do que tu tiveste em me deixar, talvez para sempre.

Adeus! Não ouso dar-te mil nomes ternos, nem abandonar-me livremente a todos os meus arrebatamentos. Amo-te mil vezes mais do que à minha vida, e mil vezes mais do que eu penso! Como me és querido!... e como és cruel para mim! Tu não me escreves! Não consegui impedir-me de te dizer ai a isto!

Vou recomeçar, e o oficial partirá. Que importa que ele parta? Eu escrevo mais para mim do que para ti, e aquilo que procuro é consolar-me. Por isso vais-te assustar com a extensão da minha carta e nem a chegarás a ler...

Que fiz eu para ser tão desgraçada? Por que envenenaste a minha vida? Por que não nasci eu noutro país?

Adeus! Perdoa-me! Já não ouso pedir-te que me ames: vê a que estado me reduziu o meu destino! Adeus!

Quinta Carta

Quinta Carta

Escrevo-lhe pela última vez, e espero fazer-lhe saber, pela diferença dos termos e do tom desta carta, que, finalmente, me persuadiu de que já não me amava e que, portanto, também eu devo deixar de o amar. Vou, pois, enviar-lhe, pelo primeiro portador, tudo o que ainda me resta de si.

Não receie que eu lhe escreva; nem sequer porei o seu nome na encomenda. Encarreguei de tudo Dona Brites, a quem eu tinha acostumado a confidências bem diferentes desta. Os cuidados dela ser-me--ão menos suspeitos do que os meus; ela tomará todas as precauções necessárias, a fim de que eu possa ficar certa de que recebeu o retrato e as pulseiras que me deu.

Quero, no entanto, que saiba que, de há alguns dias a esta parte, sinto vontade de queimar e de destruir estes testemunhos do seu amor que me eram tão caros; mas mostrei-me tão fraca para consigo que nunca acreditaria que eu pudesse ser capaz de tais extremos. Desejo, pois, gozar de toda a dor que tive ao separar-me deles e causar--lhe também a si algum despeito.

Confesso, para vergonha minha, e sua, que me achei muito mais presa a estas bagatelas do que quero confessar. E senti que me eram de novo necessárias todas as minhas reflexões para me desfazer de cada uma delas em particular, quando já me gabava de não estar presa a si. Mas a gente acaba sempre por conseguir o que deseja, sobretudo quando, para tal, há tantas razões como neste caso.

Pus tudo entre as mãos de Dona Brites. As lágrimas que esta decisão me custou! Depois de mil indecisões e de mil incertezas que, decerto, nem imagina e que não lhe vou dar a conhecer, conjurei-a a nunca mais me falar dessas coisas, a nunca mais mas dar, mesmo que eu lhas pedisse para mais uma vez voltar a vê-las, e pedi-lhe que lhas enviasse sem nada me dizer.

Só conheci bem o excesso do meu amor quando quis fazer todos os esforços para me curar dele, e receio que não tivesse ousado aventurar-me a essa empresa se tivesse podido prever-lhe todas as dificuldades e violências. Estou convencida de que teria experimentado sensações menos desagradáveis amando-o, ingrato, embora, como é, do que deixando-o para sempre. Tive então a prova de que lhe quero menos do que à minha paixão, e suportei dores indescritíveis em a combater, depois que a infâmia da sua maneira de proceder o tornaram odioso aos meus olhos.

O orgulho típico do meu sexo não serviu de nada quando se tratou de tomar partido contra si. Ai de mim! Sofri os seus desprezos, e teria suportado o seu ódio e todo o ciúme que poderia nascer em mim de uma ligação sua com outra mulher qualquer, mas, pelo menos, teria uma paixão para combater. É a sua indiferença que não posso suportar. Os seus impertinentes protestos de amizade e as delicadezas ridículas da sua última carta mostraram-me que recebera todas as que lhe escrevi e que elas não provocaram no seu coração nenhuma emoção, apesar de as ter lido. Ingrato! E ainda sou tão louca que me sinto desesperada por não poder pensar que elas lhe não tinham chegado e que não lhas tinham entregado!

Detesto a sua sinceridade! Acaso lhe tinha pedido que me dissesse sinceramente a verdade? Por que não me deixou a minha paixão? Tudo o que tinha a fazer era não me escrever: eu não procurava ser esclarecida.

Não será para mim o cúmulo da desgraça saber que nem sequer fui capaz de o obrigar a ter o cuidado de me enganar e a sentir-se, ao menos, na obrigação de se desculpar? Pois saiba que me apercebo perfeitamente de que é indigno de todos os meus sentimentos e que conheço toda a sua malvadez.

No entanto, se tudo o que fiz por si pode merecer que tenha algum respeito pelos favores que lhe peço, conjuro-o a que nunca mais me escreva e me ajude a esquecê-lo inteiramente. Se me desse alguma prova, pequena que fosse, de que a leitura desta carta lhe deu algum pesar, talvez ainda acreditasse; e talvez que até a sua confissão e o seu consentimento provocassem em mim despeito e cólera, e tudo isso poderia inflamar-me de novo. Por isso, não se meta mais na minha vida, pois, qualquer que fosse o modo por que nela quisesse entrar, sem dúvida deitaria por terra todos os meus projetos.

Nada quero saber do resultado desta carta; não perturbe o estado que para mim estou a preparar. Parece-me que pode dar-se por satisfeito com o mal que me faz, seja qual for o desígnio que tenha concebido de me tornar infeliz.

Não me tire desta minha incerteza. Com o tempo, espero transformá-la numa certa tranquilidade.

Prometo-lhe não o odiar; por demais desconfio dos sentimentos violentos para me atrever a fazê-lo.

Estou convencida de que talvez venha a encontrar nesta terra um amante mais fiel e melhor. Mas, ai de mim!, quem poderá despertar em mim o amor? Bastará a paixão de um outro homem para me encher? Teve a minha sobre si algum poder? Não experimentei eu que um coração enternecido jamais esquece aquilo que o fez conhecer transportes que não conhecia e de que era capaz?; que todas as suas emoções estão ligadas àquele que idolatrou?; que os seus primeiros sonhos e as suas primeiras feridas não podem ser nem curadas nem apagadas?; que todas as paixões que possam vir em seu auxílio e que se esforçam por o encher e contentar lhe prometem em vão um sentimento que nunca mais encontra?; que todos os prazeres que procura, sem qualquer vontade de os encontrar, só servem para bem lhe fazer conhecer que nada lhe é tão caro como a lembrança das suas dores?

Por que me fez conhecer a imperfeição e o desencanto dum afeto que não deve durar eternamente e as dores que acompanham um amor violento, quando ele não é recíproco? E por que hão de, quase sempre, uma inclinação cega e um destino cruel conjugar-se para nos fazer prender àqueles em que só outro amor poderia encontrar eco?

Mesmo que pudesse esperar alguma distração num novo amor e encontrasse alguém de boa-fé, sinto por mim tamanha compaixão que terei o maior escrúpulo em pôr, nem que seja o mais ínfimo dos homens do mundo, no estado em que por culpa sua me encontro. E, embora não seja obrigada a ter contemplações para consigo, nunca poderia resolver-me a exercer sobre si uma vingança tão cruel, mesmo que, por qualquer imprevisível mudança, ela dependesse de mim.

Até neste momento procuro desculpá-lo, e compreendo bem que uma religiosa não pode, em geral, despertar grande paixão. No entanto, parece-me que, se nas escolhas que se fazem fosse possível entrar com a razão, haveria motivos de as preferir às outras mulheres: nada as impede de pensar incessantemente na sua paixão, nem são desviadas pelas mil coisas que no mundo dissipam e ocupam. Parece-me que não será muito agradável ver aquelas que se ama sempre distraídas por mil bagatelas, e é preciso ter muito pouca delicadeza para suportar sem desespero que não falem senão de reuniões, de encontros e de passeios. Está-se sempre exposto a novos ciúmes. Elas são obrigadas a atender, a comprazer, a conversar: quem pode garantir que não têm um certo prazer em todas estas ocasiões e que não suportam sempre os seus maridos com um extremo desgosto e de má mente? Ah!, como elas devem desconfiar dum amante que não lhes faz notar tudo isso, que acredita facilmente e sem inquietação no que elas lhe dizem e que as vê, com toda a confiança e tranquilidade, sujeitas a todos estes deveres!

Mas não pretendo provar-lhe com boas razões que deveria amar-me. Não são meios que valham: outros bem melhores empreguei e nada consegui. Conheço bem demais o meu destino para procurar opor-me a ele.

Serei uma desgraçada toda a vida: não o era já quando o via todos os dias?

Eu morria com o receio de que não me fosse fiel; desejava vê-lo a cada momento, e isso não era possível; atormentava-me o perigo que corria entrando neste convento; não era vida o que eu vivia quando estava na guerra, e desesperava por não ser mais bela e mais digna de si; maldizia a mediocridade da minha condição e pensava muitas vezes que o afeto que parecia ter por mim lhe poderia trazer dissabores; tinha a impressão de que não o amava o bastante; temia a cólera dos meus parentes contra si. Enfim!, encontrava-me num estado tão deplorável como aquele em que me encontro presentemente.

Se me tivesse dado algumas provas da sua paixão depois que partiu de Portugal, teria feito todos os esforços para sair daqui; ter-me-ia disfarçado para ir ter consigo. Ai de mim!, o que teria sido de mim se, depois de estar em França, não se importasse comigo? Que desatino! Que loucura! Que cúmulo de vergonha para a minha família, que me é tão querida desde que deixei de o amar!

Já vê como conheço, a sangue frio, que era possível ser ainda mais de lamentar do que na realidade sou: ao menos uma vez na vida, estou-lhe a falar sensatamente! Como a minha moderação lhe vai agradar! E como ficará contente comigo! Mas não o quero saber. Já lhe pedi que nunca mais volte a escrever-me e a isso o conjuro mais uma vez.

Nunca refletiu um pouco sobre o modo como me tratou? Nunca pensou que tem para comigo mais obrigações do que para com qualquer outra pessoa no mundo? Amei-o como louca! O desprezo que eu tive por todas as coisas!

O seu procedimento não é de um homem honesto. É preciso que experimentasse por mim uma autêntica aversão natural para não me ter amado perdidamente.

Deixei-me seduzir por qualidades bem medíocres! Que fez, afinal, que me pudesse agradar? Que é que me sacrificou? Não procurou antes mil outros prazeres?

Acaso renunciou ao jogo e à caça? Não foi o primeiro a partir para a guerra? Não foi o último a voltar de lá? Nela se expôs loucamente, apesar de lhe ter pedido que se poupasse por amor de mim. Não fez nada para se fixar em Portugal, onde era estimado: bastou uma carta do seu irmão para o fazer partir daqui sem hesitar um momento. E não vim mesmo a saber que, durante toda a viagem, mostrou sempre uma extraordinária boa disposição? É forçoso reconhecer que sou obrigada a odiá-lo mortalmente!

Ah! Fui eu a culpada de todas as minhas desgraças: primeiro habituei-o a uma grande paixão, onde havia demasiada simplicidade – e é preciso artifícios para se fazer amar; é preciso procurar, com uma certa habilidade, os meios de inflamar, pois o amor, só por si, não gera o amor.

Desejava que eu o amasse; e, como concebera esse desígnio, nada omitiu para o conseguir; ter-se-ia mesmo resolvido a amar-me, se tal fosse necessário. Mas viu que podia triunfar na sua empresa sem paixão e que não tinha qualquer necessidade dela.

Que perfídia! Julga que pôde enganar-me impunemente? Se algum acaso o trouxer a esta terra, juro-lhe que o entregarei à vingança dos meus parentes.

Por muito tempo vivi num abandono e numa idolatria que me horroriza, e o meu remorso persegue-me com uma violência insuportável. Sinto vivamente toda a baixeza dos crimes que me obrigou a cometer e não tenho já, ai de mim!, a paixão que me impedia de lhes conhecer a enormidade.

Quando é que o meu coração deixará de ser despedaçado? Quando é que me verei livre desta cruel inquietação?

Penso, contudo, que não lhe desejo nenhum mal e que me resolveria a consentir na sua felicidade: mas, se tem um coração bem formado, como poderá ser feliz?

Desejo escrever-lhe outra carta para lhe mostrar que estarei mais tranquila dentro de algum tempo. Que prazer terei em poder censurar-lhe o seu injusto procedimento, quando já não estiver tão vivamente ferida por ele e quando lhe fizer saber que o desprezo, que falo com grande indiferença da sua traição, que esqueci todos os meus prazeres e todas as minhas dores, que não me lembro de si senão quando me quero lembrar!

Concordo em que tem sobre mim grandes vantagens e que me inspirou uma paixão que me fez perder a razão. Mas pouco pode envaidecer-se com isso: eu era jovem, era crédula, tinham-me encerrado neste convento desde a minha infância, só tinha visto pessoas desagradáveis, nunca ouvira as lisonjas que sem cessar me dirigia. Parecia-me que era a si que eu devia os encantos e a beleza que dizia encontrar em mim e de que me fazia dar conta. Ouvia falar bem de si, toda a gente me falava em seu favor e, pela sua parte, fazia quanto era preciso para despertar o meu amor.

Mas, finalmente, regressei deste encantamento. Deu-me, para tanto, uma grande ajuda e confesso que dela tinha extrema necessidade.

Embora lhe devolva as suas cartas guardarei cuidadosamente as duas últimas que me escreveu, e hei de lê-las ainda mais vezes do que li as primeiras, a fim de não voltar a cair nas minhas fraquezas. Ah!, quanto elas me custam, e como eu teria sido feliz se tivesse querido consentir em que o amasse para sempre!

Bem vejo que estou ainda mais ocupada do que devia estar com as minhas censuras e com a sua indiferença. Mas lembre-se de que prometi a mim própria um estado mais sereno e que lá hei de chegar! Ou, então, tomarei contra mim alguma resolução extrema de que tomará conhecimento sem grande desgosto. Mas nada mais quero de si.

Sou uma louca em voltar a dizer as mesmas coisas tantas vezes! É preciso que o deixe e que não volte a pensar em si. Julgo mesmo que não voltarei a escrever-lhe. Tenho alguma obrigação de lhe dar contas dos meus atos?

Coleção L&PM POCKET

880. **Striptiras (4)** – Laerte
881. **Skrotinhos** – Angeli
882. **Depois do funeral** – Agatha Christie
883. **Radicci 7** – Iotti
884. **Walden** – H. D. Thoreau
885. **Lincoln** – Allen C. Guelzo
886. **Primeira Guerra Mundial** – Michael Howard
887. **A linha de sombra** – Joseph Conrad
888. **O amor é um cão dos diabos** – Bukowski
890. **Despertar: uma vida de Buda** – Jack Kerouac
891(18). **Albert Einstein** – Laurent Seksik
892. **Hell's Angels** – Hunter Thompson
893. **Ausência na primavera** – Agatha Christie
894. **Dilbert (7)** – Scott Adams
895. **Ao sul de lugar nenhum** – Bukowski
896. **Maquiavel** – Quentin Skinner
897. **Sócrates** – C.C.W. Taylor
899. **O Natal de Poirot** – Agatha Christie
900. **As veias abertas da América Latina** – Eduardo Galeano
901. **Snoopy: Sempre alerta! (10)** – Charles Schulz
902. **Chico Bento: Plantando confusão** – Mauricio de Sousa
903. **Penadinho: Quem é morto sempre aparece** – Mauricio de Sousa
904. **A vida sexual da mulher feia** – Claudia Tajes
905. **100 segredos de liquidificador** – José Antonio Pinheiro Machado
906. **Sexo muito prazer 2** – Laura Meyer da Silva
907. **Os nascimentos** – Eduardo Galeano
908. **As caras e as máscaras** – Eduardo Galeano
909. **O século do vento** – Eduardo Galeano
910. **Poirot perde uma cliente** – Agatha Christie
911. **Cérebro** – Michael O'Shea
912. **O escaravelho de ouro e outras histórias** – Edgar Allan Poe
913. **Piadas para sempre (4)** – Visconde da Casa Verde
914. **100 receitas de massas light** – Helena Tonetto
915(19). **Oscar Wilde** – Daniel Salvatore Schiffer
916. **Uma breve história do mundo** – H. G. Wells
917. **A Casa do Penhasco** – Agatha Christie
919. **John M. Keynes** – Bernard Gazier
920(20). **Virginia Woolf** – Alexandra Lemasson
921. **Peter e Wendy** seguido de **Peter Pan em Kensington Gardens** – J. M. Barrie
922. **Aline: numas de colegial (5)** – Adão Iturrusgarai
923. **Uma dose mortal** – Agatha Christie
924. **Os trabalhos de Hércules** – Agatha Christie
926. **Kant** – Roger Scruton
927. **A inocência do Padre Brown** – G.K. Chesterton
928. **Casa Velha** – Machado de Assis
929. **Marcas de nascença** – Nancy Huston
930. **Aulete de bolso**
931. **Hora Zero** – Agatha Christie
932. **Morte na Mesopotâmia** – Agatha Christie
934. **Nem te conto, João** – Dalton Trevisan
935. **As aventuras de Huckleberry Finn** – Mark Twain
936(21). **Marilyn Monroe** – Anne Plantagenet
937. **China moderna** – Rana Mitter
938. **Dinossauros** – David Norman
939. **Louca por homem** – Claudia Tajes
940. **Amores de alto risco** – Walter Riso
941. **Jogo de damas** – David Coimbra
942. **Filha é filha** – Agatha Christie
943. **M ou N?** – Agatha Christie
945. **Bidu: diversão em dobro!** – Mauricio de Sousa
946. **Fogo** – Anaïs Nin
947. **Rum: diário de um jornalista bêbado** – Hunter Thompson
948. **Persuasão** – Jane Austen
949. **Lágrimas na chuva** – Sergio Faraco
950. **Mulheres** – Bukowski
951. **Um pressentimento funesto** – Agatha Christie
952. **Cartas na mesa** – Agatha Christie
954. **O lobo do mar** – Jack London
955. **Os gatos** – Patricia Highsmith
956(22). **Jesus** – Christiane Rancé
957. **História da medicina** – William Bynum
958. **O Morro dos Ventos Uivantes** – Emily Brontë
959. **A filosofia na era trágica dos gregos** – Nietzsche
960. **Os treze problemas** – Agatha Christie
961. **A massagista japonesa** – Moacyr Scliar
963. **Humor do miserê** – Nani
964. **Todo o mundo tem dúvida, inclusive você** – Édison de Oliveira
965. **A dama do Bar Nevada** – Sergio Faraco
969. **O psicopata americano** – Bret Easton Ellis
970. **Ensaios de amor** – Alain de Botton
971. **O grande Gatsby** – F. Scott Fitzgerald
972. **Por que não sou cristão** – Bertrand Russell
973. **A Casa Torta** – Agatha Christie
974. **Encontro com a morte** – Agatha Christie
975(23). **Rimbaud** – Jean-Baptiste Baronian
976. **Cartas na rua** – Bukowski
977. **Memória** – Jonathan K. Foster
978. **A abadia de Northanger** – Jane Austen
979. **As pernas de Úrsula** – Claudia Tajes
980. **Retrato inacabado** – Agatha Christie
981. **Solanin (1)** – Inio Asano
982. **Solanin (2)** – Inio Asano
983. **Aventuras de menino** – Mitsuru Adachi
984(16). **Fatos & mitos sobre sua alimentação** – Dr. Fernando Lucchese
985. **Teoria quântica** – John Polkinghorne
986. **O eterno marido** – Fiódor Dostoiévski
987. **Um safado em Dublin** – J. P. Donleavy
988. **Mirinha** – Dalton Trevisan
989. **Akhenaton e Nefertiti** – Carmen Seganfredo e A. S. Franchini

990. **On the Road – o manuscrito original** – Jack Kerouac
991. **Relatividade** – Russell Stannard
992. **Abaixo de zero** – Bret Easton Ellis
993(24). **Andy Warhol** – Mériam Korichi
995. **Os últimos casos de Miss Marple** – Agatha Christie
996. **Nico Demo: Aí vem encrenca** – Mauricio de Sousa
998. **Rousseau** – Robert Wokler
999. **Noite sem fim** – Agatha Christie
1000. **Diários de Andy Warhol (1)** – Editado por Pat Hackett
1001. **Diários de Andy Warhol (2)** – Editado por Pat Hackett
1002. **Cartier-Bresson: o olhar do século** – Pierre Assouline
1003. **As melhores histórias da mitologia: vol. 1** – A.S. Franchini e Carmen Seganfredo
1004. **As melhores histórias da mitologia: vol. 2** – A.S. Franchini e Carmen Seganfredo
1005. **Assassinato no beco** – Agatha Christie
1006. **Convite para um homicídio** – Agatha Christie
1008. **História da vida** – Michael J. Benton
1009. **Jung** – Anthony Stevens
1010. **Arsène Lupin, ladrão de casaca** – Maurice Leblanc
1011. **Dublinenses** – James Joyce
1012. **120 di lulhas da Turma da Mônica** – Mauricio de Sousa
1013. **Antologia poética** – Fernando Pessoa
1014. **A aventura de um cliente ilustre** *seguido de* **O último adeus de Sherlock Holmes** – Sir Arthur Conan Doyle
1015. **Cenas de Nova York** – Jack Kerouac
1016. **A corista** – Anton Tchékhov
1017. **O diabo** – Leon Tolstói
1018. **Fábulas chinesas** – Sérgio Capparelli e Márcia Schmaltz
1019. **O gato do Brasil** – Sir Arthur Conan Doyle
1020. **Missa do Galo** – Machado de Assis
1021. **O mistério de Marie Rogêt** – Edgar Allan Poe
1022. **A mulher mais linda da cidade** – Bukowski
1023. **O retrato** – Nicolai Gogol
1024. **O conflito** – Agatha Christie
1025. **Os primeiros casos de Poirot** – Agatha Christie
1027(25). **Beethoven** – Bernard Fauconnier
1028. **Platão** – Julia Annas
1029. **Cleo e Daniel** – Roberto Freire
1030. **Til** – José de Alencar
1031. **Viagens na minha terra** – Almeida Garrett
1032. **Profissões para mulheres e outros artigos feministas** – Virginia Woolf
1033. **Mrs. Dalloway** – Virginia Woolf
1034. **O cão da morte** – Agatha Christie
1035. **Tragédia em três atos** – Agatha Christie
1037. **O fantasma da Ópera** – Gaston Leroux
1038. **Evolução** – Brian e Deborah Charlesworth
1039. **Medida por medida** – Shakespeare
1040. **Razão e sentimento** – Jane Austen
1041. **A obra-prima ignorada** *seguido de* **Um episódio durante o Terror** – Balzac
1042. **A fugitiva** – Anaïs Nin
1043. **As grandes histórias da mitologia greco-romana** – A. S. Franchini
1044. **O corno de si mesmo & outras historietas** - Marquês de Sade
1045. **Da felicidade** *seguido de* **Da vida retirada** – Sêneca
1046. **O horror em Red Hook e outras histórias** – H. P. Lovecraft
1047. **Noite em claro** – Martha Medeiros
1048. **Poemas clássicos chineses** – Li Bai, Du Fu e Wang Wei
1049. **A terceira moça** – Agatha Christie
1050. **Um destino ignorado** – Agatha Christie
1051(26). **Buda** – Sophie Royer
1052. **Guerra Fria** – Robert J. McMahon
1053. **Simons's Cat: as aventuras de um gato travesso e comilão – vol. 1** – Simon Tofield
1054. **Simons's Cat: as aventuras de um gato travesso e comilão – vol. 2** – Simon Tofield
1055. **Só as mulheres e as baratas sobreviverão** – Claudia Tajes
1057. **Pré-história** – Chris Gosden
1058. **Pintou sujeira!** – Mauricio de Sousa
1059. **Contos de Mamãe Gansa** – Charles Perrault
1060. **A interpretação dos sonhos: vol. 1** – Freud
1061. **A interpretação dos sonhos: vol. 2** – Freud
1062. **Frufru Rataplã Dolores** – Dalton Trevisan
1063. **As melhores histórias da mitologia egípcia** – Carmem Seganfredo e A.S. Franchini
1064. **Infância. Adolescência. Juventude** – Tolstói
1065. **As consolações da filosofia** – Alain de Botton
1066. **Diários de Jack Kerouac – 1947-1954**
1067. **Revolução Francesa – vol. 1** – Max Gallo
1068. **Revolução Francesa – vol. 2** – Max Gallo
1069. **O detetive Parker Pyne** – Agatha Christie
1070. **Memórias do esquecimento** – Flávio Tavares
1071. **Drogas** – Leslie Iversen
1072. **Manual de ecologia (vol.2)** – J. Lutzenberger
1073. **Como andar no labirinto** – Affonso Romano de Sant'Anna
1074. **A orquídea e o serial killer** – Juremir Machado da Silva
1075. **Amor nos tempos de fúria** – Lawrence Ferlinghetti
1076. **A aventura do pudim de Natal** – Agatha Christie
1078. **Amores que matam** – Patricia Faur
1079. **Histórias de pescador** – Mauricio de Sousa
1080. **Pedaços de um caderno manchado de vinho** – Bukowski
1081. **A ferro e fogo: tempo de solidão (vol.1)** – Josué Guimarães
1082. **A ferro e fogo: tempo de guerra (vol.2)** – Josué Guimarães
1084(17). **Desembarcando o Alzheimer** – Dr. Fernando Lucchese e Dra. Ana Hartmann

085. **A maldição do espelho** – Agatha Christie
086. **Uma breve história da filosofia** – Nigel Warburton
088. **Heróis da História** – Will Durant
089. **Concerto campestre** – L. A. de Assis Brasil
090. **Morte nas nuvens** – Agatha Christie
092. **Aventura em Bagdá** – Agatha Christie
093. **O cavalo amarelo** – Agatha Christie
094. **O método de interpretação dos sonhos** – Freud
095. **Sonetos de amor e desamor** – Vários
096. **120 tirinhas do Dilbert** – Scott Adams
097. **200 fábulas de Esopo**
098. **O curioso caso de Benjamin Button** – F. Scott Fitzgerald
099. **Piadas para sempre: uma antologia para morrer de rir** – Visconde da Casa Verde
100. **Hamlet (Mangá)** – Shakespeare
101. **A arte da guerra (Mangá)** – Sun Tzu
104. **As melhores histórias da Bíblia (vol.1)** – A. S. Franchini e Carmen Seganfredo
105. **As melhores histórias da Bíblia (vol.2)** – A. S. Franchini e Carmen Seganfredo
1106. **Psicologia das massas e análise do eu** – Freud
1107. **Guerra Civil Espanhola** – Helen Graham
1108. **A autoestrada do sul e outras histórias** – Julio Cortázar
1109. **O mistério dos sete relógios** – Agatha Christie
1110. **Peanuts: Ninguém gosta de mim... (amor)** – Charles Schulz
1111. **Cadê o bolo?** – Mauricio de Sousa
1112. **O filósofo ignorante** – Voltaire
1113. **Totem e tabu** – Freud
1114. **Filosofia pré-socrática** – Catherine Osborne
1115. **Desejo de status** – Alain de Botton
1118. **Passageiro para Frankfurt** – Agatha Christie
1120. **Kill All Enemies** – Melvin Burgess
1121. **A morte da sra. McGinty** – Agatha Christie
1122. **Revolução Russa** – S. A. Smith
1123. **Até você, Capitu?** – Dalton Trevisan
1124. **O grande Gatsby (Mangá)** – F. S. Fitzgerald
1125. **Assim falou Zaratustra (Mangá)** – Nietzsche
1126. **Peanuts: É para isso que servem os amigos (amizade)** – Charles Schulz
1127(27). **Nietzsche** – Dorian Astor
1128. **Bidu: Hora do banho** – Mauricio de Sousa
1129. **O melhor do Macanudo Taurino** – Santiago
1130. **Radicci 30 anos** – Iotti
1131. **Show de sabores** – J.A. Pinheiro Machado
1132. **O prazer das palavras** – vol. 3 – Cláudio Moreno
1133. **Morte na praia** – Agatha Christie
1134. **O fardo** – Agatha Christie
1135. **Manifesto do Partido Comunista (Mangá)** – Marx & Engels
1136. **A metamorfose (Mangá)** – Franz Kafka
1137. **Por que você não se casou... ainda** – Tracy McMillan
1138. **Textos autobiográficos** – Bukowski
1139. **A importância de ser prudente** – Oscar Wilde
1140. **Sobre a vontade na natureza** – Arthur Schopenhauer
1141. **Dilbert (8)** – Scott Adams
1142. **Entre dois amores** – Agatha Christie
1143. **Cipreste triste** – Agatha Christie
1144. **Alguém viu uma assombração?** – Mauricio de Sousa
1145. **Mandela** – Elleke Boehmer
1146. **Retrato do artista quando jovem** – James Joyce
1147. **Zadig ou o destino** – Voltaire
1148. **O contrato social (Mangá)** – J.-J. Rousseau
1149. **Garfield fenomenal** – Jim Davis
1150. **A queda da América** – Allen Ginsberg
1151. **Música na noite & outros ensaios** – Aldous Huxley
1152. **Poesias inéditas & Poemas dramáticos** – Fernando Pessoa
1153. **Peanuts: Felicidade é...** – Charles M. Schulz
1154. **Mate-me por favor** – Legs McNeil e Gillian McCain
1155. **Assassinato no Expresso Oriente** – Agatha Christie
1156. **Um punhado de centeio** – Agatha Christie
1157. **A interpretação dos sonhos (Mangá)** – Freud
1158. **Peanuts: Você não entende o sentido da vida** – Charles M. Schulz
1159. **A dinastia Rothschild** – Herbert R. Lottman
1160. **A Mansão Hollow** – Agatha Christie
1161. **Nas montanhas da loucura** – H.P. Lovecraft
1162(28). **Napoleão Bonaparte** – Pascale Fautrier
1163. **Um corpo na biblioteca** – Agatha Christie
1164. **Inovação** – Mark Dodgson e David Gann
1165. **O que toda mulher deve saber sobre os homens: a afetividade masculina** – Walter Riso
1166. **O amor está no ar** – Mauricio de Sousa
1167. **Testemunha de acusação & outras histórias** – Agatha Christie
1168. **Etiqueta de bolso** – Celia Ribeiro
1169. **Poesia reunida (volume 3)** – Affonso Romano de Sant'Anna
1170. **Emma** – Jane Austen
1171. **Que seja em segredo** – Ana Miranda
1172. **Garfield sem apetite** – Jim Davis
1173. **Garfield: Foi mal...** – Jim Davis
1174. **Os irmãos Karamázov (Mangá)** – Dostoiévski
1175. **O Pequeno Príncipe** – Antoine de Saint-Exupéry
1176. **Peanuts: Ninguém mais tem o espírito aventureiro** – Charles M. Schulz
1177. **Assim falou Zaratustra** – Nietzsche
1178. **Morte no Nilo** – Agatha Christie
1179. **Ê, soneca boa** – Mauricio de Sousa
1180. **Garfield a todo o vapor** – Jim Davis
1181. **Em busca do tempo perdido (Mangá)** – Proust
1182. **Cai o pano: o último caso de Poirot** – Agatha Christie
1183. **Livro para colorir e relaxar** – Livro 1
1184. **Para colorir sem parar**

1185. **Os elefantes não esquecem** – Agatha Christie
1186. **Teoria da relatividade** – Albert Einstein
1187. **Compêndio da psicanálise** – Freud
1188. **Visões de Gerard** – Jack Kerouac
1189. **Fim de verão** – Mohiro Kitoh
1190. **Procurando diversão** – Mauricio de Sousa
1191. **E não sobrou nenhum e outras peças** – Agatha Christie
1192. **Ansiedade** – Daniel Freeman & Jason Freeman
1193. **Garfield: pausa para o almoço** – Jim Davis
1194. **Contos do dia e da noite** – Guy de Maupassant
1195. **O melhor de Hagar 7** – Dik Browne
1196.(29). **Lou Andreas-Salomé** – Dorian Astor
1197.(30). **Pasolini** – René de Ceccatty
1198. **O caso do Hotel Bertram** – Agatha Christie
1199. **Crônicas de motel** – Sam Shepard
1200. **Pequena filosofia da paz interior** – Catherine Rambert
1201. **Os sertões** – Euclides da Cunha
1202. **Treze à mesa** – Agatha Christie
1203. **Bíblia** – John Riches
1204. **Anjos** – David Albert Jones
1205. **As tirinhas do Guri de Uruguaiana 1** – Jair Kobe
1206. **Entre aspas (vol.1)** – Fernando Eichenberg
1207. **Escrita** – Andrew Robinson
1208. **O spleen de Paris: pequenos poemas em prosa** – Charles Baudelaire
1209. **Satíricon** – Petrônio
1210. **O avarento** – Molière
1211. **Queimando na água, afogando-se na chama** – Bukowski
1212. **Miscelânea septuagenária: contos e poemas** – Bukowski
1213. **Que filosofar é aprender a morrer e outros ensaios** – Montaigne
1214. **Da amizade e outros ensaios** – Montaigne
1215. **O medo à espreita e outras histórias** – H.P. Lovecraft
1216. **A obra de arte na era de sua reprodutibilidade técnica** – Walter Benjamin
1217. **Sobre a liberdade** – John Stuart Mill
1218. **O segredo de Chimneys** – Agatha Christie
1219. **Morte na rua Hickory** – Agatha Christie
1220. **Ulisses (Mangá)** – James Joyce
1221. **Ateísmo** – Julian Baggini
1222. **Os melhores contos de Katherine Mansfield** – Katherine Mansfied
1223.(31). **Martin Luther King** – Alain Foix
1224. **Millôr Definitivo: uma antologia de *A Bíblia do Caos*** – Millôr Fernandes
1225. **O Clube das Terças-Feiras e outras histórias** – Agatha Christie
1226. **Por que sou tão sábio** – Nietzsche
1227. **Sobre a mentira** – Platão
1228. **Sobre a leitura *seguido do* Depoimento de Céleste Albaret** – Proust
1229. **O homem do terno marrom** – Agatha Christie
1230.(32). **Jimi Hendrix** – Franck Médioni
1231. **Amor e amizade e outras histórias** – Jane Austen
1232. **Lady Susan, Os Watson e Sanditon** – Jane Austen
1233. **Uma breve história da ciência** – William Bynum
1234. **Macunaíma: o herói sem nenhum caráter** – Mário de Andrade
1235. **A máquina do tempo** – H.G. Wells
1236. **O homem invisível** – H.G. Wells
1237. **Os 36 estratagemas: manual secreto da arte da guerra** – Anônimo
1238. **A mina de ouro e outras histórias** – Agatha Christie
1239. **Pic** – Jack Kerouac
1240. **O habitante da escuridão e outros contos** – H.P. Lovecraft
1241. **O chamado de Cthulhu e outros contos** – H.P. Lovecraft
1242. **O melhor de Meu reino por um cavalo!** – Edição de Ivan Pinheiro Machado
1243. **A guerra dos mundos** – H.G. Wells
1244. **O caso da criada perfeita e outras histórias** – Agatha Christie
1245. **Morte por afogamento e outras histórias** – Agatha Christie
1246. **Assassinato no Comitê Central** – Manuel Vázquez Montalbán
1247. **O papai é pop** – Marcos Piangers
1248. **O papai é pop 2** – Marcos Piangers
1249. **A mamãe é rock** – Ana Cardoso
1250. **Paris boêmia** – Dan Franck
1251. **Paris libertária** – Dan Franck
1252. **Paris ocupada** – Dan Franck
1253. **Uma anedota infame** – Dostoiévski
1254. **O último dia de um condenado** – Victor Hugo
1255. **Nem só de caviar vive o homem** – J.M. Simmel
1256. **Amanhã é outro dia** – J.M. Simmel
1257. **Mulherzinhas** – Louisa May Alcott
1258. **Reforma Protestante** – Peter Marshall
1259. **História econômica global** – Robert C. Allen
1260.(33). **Che Guevara** – Alain Foix
1261. **Câncer** – Nicholas James
1262. **Akhenaton** – Agatha Christie
1263. **Aforismos para a sabedoria de vida** – Arthur Schopenhauer
1264. **Uma história do mundo** – David Coimbra
1265. **Ame e não sofra** – Walter Riso
1266. **Desapegue-se!** – Walter Riso
1267. **Os Sousa: Uma famíla do barulho** – Mauricio de Sousa
1268. **Nico Demo: O rei da travessura** – Mauricio de Sousa
1269. **Testemunha de acusação e outras peças** – Agatha Christie
1270.(34). **Dostoiévski** – Virgil Tanase
1271. **O melhor de Hagar 8** – Dik Browne

272. **O melhor de Hagar 9** – Dik Browne
273. **O melhor de Hagar 10** – Dik e Chris Browne
274. **Considerações sobre o governo representativo** – John Stuart Mill
275. **O homem Moisés e a religião monoteísta** – Freud
276. **Inibição, sintoma e medo** – Freud
277. **Além do princípio de prazer** – Freud
278. **O direito de dizer não!** – Walter Riso
279. **A arte de ser flexível** – Walter Riso
280. **Casados e descasados** – August Strindberg
281. **Da Terra à Lua** – Júlio Verne
282. **Minhas galerias e meus pintores** – Kahnweiler
283. **A arte do romance** – Virginia Woolf
284. **Teatro completo v. 1: As aves da noite** *seguido de* **O visitante** – Hilda Hilst
285. **Teatro completo v. 2: O verdugo** *seguido de* **A morte do patriarca** – Hilda Hilst
286. **Teatro completo v. 3: O rato no muro** *seguido de* **Auto da barca de Camiri** – Hilda Hilst
287. **Teatro completo v. 4: A empresa** *seguido de* **O novo sistema** – Hilda Hilst
289. **Fora de mim** – Martha Medeiros
290. **Divã** – Martha Medeiros
291. **Sobre a genealogia da moral: um escrito polêmico** – Nietzsche
292. **A consciência de Zeno** – Italo Svevo
293. **Células-tronco** – Jonathan Slack
294. **O fim do ciúme e outros contos** – Proust
295. **A jangada** – Júlio Verne
296. **A ilha do dr. Moreau** – H.G. Wells
297. **Ninho de fidalgos** – Ivan Turguêniev
298. **Jane Eyre** – Charlotte Brontë
299. **Sobre gatos** – Bukowski
300. **Sobre o amor** – Bukowski
301. **Escrever para não enlouquecer** – Bukowski
302. **222 receitas** – J. A. Pinheiro Machado
303. **Reinações de Narizinho** – Monteiro Lobato
304. **O Saci** – Monteiro Lobato
305. **Memórias da Emília** – Monteiro Lobato
306. **O Picapau Amarelo** – Monteiro Lobato
307. **A reforma da Natureza** – Monteiro Lobato
308. **Fábulas** *seguido de* **Histórias diversas** – Monteiro Lobato
309. **Aventuras de Hans Staden** – Monteiro Lobato
310. **Peter Pan** – Monteiro Lobato
311. **Dom Quixote das crianças** – Monteiro Lobato
312. **O Minotauro** – Monteiro Lobato
313. **Um quarto só seu** – Virginia Woolf
314. **Sonetos** – Shakespeare
315. (35).**Thoreau** – Marie Berthoumieu e Laura El Makki
316. **Teoria da arte** – Cynthia Freeland
317. **A arte da prudência** – Baltasar Gracián
318. **O louco** *seguido de* **Areia e espuma** – Khalil Gibran
319. **O profeta** *seguido de* **O jardim do profeta** – Khalil Gibran
320. **Jesus, o Filho do Homem** – Khalil Gibran
321. **A luta** – Norman Mailer
322. **Sobre o sofrimento do mundo e outros ensaios** – Schopenhauer
323. **Epidemiologia** – Rodolfo Sacacci
324. **Japão moderno** – Christopher Goto-Jones
325. **A arte da meditação** – Matthieu Ricard
326. **O adversário secreto** – Agatha Christie
327. **Pollyanna** – Eleanor H. Porter
328. **Espelhos** – Eduardo Galeano
329. **A Vênus das peles** – Sacher-Masoch
330. **O 18 de brumário de Luís Bonaparte** – Karl Marx
331. **Um jogo para os vivos** – Patricia Highsmith
332. **A tristeza pode esperar** – J.J. Camargo
333. **Vinte poemas de amor e uma canção desesperada** – Pablo Neruda
334. **Judaísmo** – Norman Solomon
335. **Esquizofrenia** – Christopher Frith & Eve Johnstone
336. **Seis personagens em busca de um autor** – Luigi Pirandello
337. **A Fazenda dos Animais** – George Orwell
338. **1984** – George Orwell
339. **Ubu Rei** – Alfred Jarry
340. **Sobre bêbados e bebidas** – Bukowski
341. **Tempestade para os vivos e para os mortos** – Bukowski
342. **Complicado** – Natsume Ono
343. **Sobre o livre-arbítrio** – Schopenhauer
344. **Uma breve história da literatura** – John Sutherland
345. **Você fica tão sozinho às vezes que até faz sentido** – Bukowski
346. **Um apartamento em Paris** – Guillaume Musso
347. **Receitas fáceis e saborosas** – José Antonio Pinheiro Machado
348. **Por que engordamos** – Gary Taubes
349. **A fabulosa história do hospital** – Jean-Noël Fabiani
350. **Voo noturno** *seguido de* **Terra dos homens** – Antoine de Saint-Exupéry
351. **Doutor Sax** – Jack Kerouac
352. **O livro do Tao e da virtude** – Lao-Tsé
353. **Pista negra** – Antonio Manzini
354. **A chave de vidro** – Dashiell Hammett
355. **Martin Eden** – Jack London
356. **Já te disse adeus, e agora, como te esqueço?** – Walter Riso
357. **A viagem do descobrimento** – Eduardo Bueno
358. **Náufragos, traficantes e degredados** – Eduardo Bueno
359. **O retrato do Brasil** – Paulo Prado
360. **Maravilhosamente imperfeito, escandalosamente feliz** – Walter Riso

lepmeditores
www.lpm.com.br
o site que conta tudo

IMPRESSÃO:

PALLOTTI
GRÁFICA

Santa Maria - RS | Fone: (55) 3220.4500
www.graficapallotti.com.br